Das kleine Engelbuch

MB
96.

Michael Blum · Uwe Seidel

Das kleine ENGELBUCH

soll Sie begleiten in guten und auch in schwierigen Zeiten. Es soll Ihnen vor allen Dingen Freude bereiten. Die Engel dieses kleinen Buches sind vielschichtig – gemalt mit den Farben des Himmels und der Erde; komponiert aus dem Stoff, aus dem sie durchsichtig werden; mit ein wenig Gold, das die Herrlichkeit Gottes widerspiegelt. Sie ähneln weniger den Engeln aus barocken Zeiten als vielmehr den Wesen aus Sternenstaub und Gotteslicht. Sie knüpfen an biblische Engelerzählungen und leiten uns in unsere Zeit.

Sie nahen sich uns als Einfall des Himmels, begleiten und behüten uns, sie bestärken und ermahnen uns, fangen uns auf und halten uns fest. Wenn wir auch ihre Existenz leugnen möchten, sie lassen sich nicht zum NICHTS erklären. Wenn auch unser Verstand sie verdrängt, in unseren Gefühlen, in unserer Sehnsucht sind sie sehr lebendig.

Wir erfahren sie als beschützende Zuneigung Gottes. Manchmal sind sie mit uns und für uns Feuer und Flamme, manchmal stellen sie sich uns in den Weg; aber immer wollen sie das Gute für uns und in uns. Sie sind älter als alle Religionen. Sie kommen in allen Kulturen vor, und Menschen erzählen bis auf den heutigen Tag von ihren Engelbegegnungen. Die Öffentlichkeit nimmt kaum Kenntnis von diesen Engeln; sensible Menschen aber erkennen sie und sind mit ihnen eng verbunden. Man muß nicht unbedingt religiös sein, um Engeln zu begegnen. Junge Leute berichten von ihnen, Alte erzählen, Schwache verbinden sich mit ihnen, Fromme leben mit ihnen, Starke bauen auf sie, sogar die Zweifelnden lassen sich von ihnen überzeugen. Sie sind Boten aus der göttlichen Welt mit der Botschaft, daß ALLES GUT WERDE.

Seien Sie gut behütet…
Das „kleine Engelbuch“
möge Sie liebevoll begleiten

Ihre
Michael Blum und Uwe Seidel

Der Engel des LICHTS

Er erscheint mir
hell und leuchtend
fast durchsichtig
nie dunkel und düster

Ich erkenne ihn
wach oder träumend
Bote des Lichts
der mir mein Leben erhellt

Er kommt aus dem Licht
durchflutet von der Sonne
auch in der Nacht
als Engel der Sterne

Sein Wesen strahlt
von einem inneren Licht
das den Tod überstrahlt
und ihm die Schwärze nimmt

„Mein Name ist Wunderbar"
gibt er sich zu erkennen
„Und Gott ist mein Licht"
offenbart er sich

„Mit meinen Flügeln
überwinde ich die Zeit
in Lichtgeschwindigkeit
und darum bin ich jederzeit
bei dir"

MB
96

Mein SCHUTZENGEL

Er bewahrt nicht nur
meinen Leib und mein Leben;
das wäre zu wenig –
obwohl das schon sehr viel bedeutet.
Er ist auch die Stimme Gottes,
die mich anspricht und oft in mir wohnt –
wenn ich es nur zulasse.

Mein Schutzengel
hilft mir, nicht nur mit dem Verstand zu denken,
sondern auch mit dem Herzen,
mit meiner Seele zu empfinden,
um dann die richtigen Entscheidungen zu treffen.

Mein Schutzengel
wird mir zum inneren Meister.
Er schärft meine Empfindungen für gute Menschen
und warnt mich vor schlimmen Leuten.
Er führt mich
„auf rechter Straße
und leitet mich aus finsteren Tälern."
Er drängt sich nicht auf,
aber er reagiert auf Anrufung.

Mein Schutzengel
übermittelt mir Botschaften:
„Gott läßt dich nicht allein!"
und „Gott schütze dich".
Manchmal aber schüttele ich mit dem Kopf
über seine ungewöhnlichen Eingebungen;
Eingebungen, die sich hinterher als die besten
erweisen, weil sie mich aus dem Einerlei herausheben.

Mein Schutzengel
teilt mir mit,
was als GROSS und was als KLEIN zu gelten hat;
was den Hauch der Ewigkeit atmet,
was kurzatmig und vorläufig ist
und was für mich wenig Bestand hat.

Mein Schutzengel
drängt sich nicht auf,
mischt sich nicht ungebeten ein.
Wenn ich aber bete,
ihn bitte in Gedanken, Worten und Gesten,
dann ist er für mich da
und behütet mich.
Besonders die kleinen Leute umsorgt er,
die einfachen, die kleinen und die großen Kinder –
zu denen ich
„Gott sei Dank!“
auch gehöre.

Du mein ENGEL

Du nimmst mich in die Arme,
– du vereinnahmst mich nicht.

Du streichelst mir mein Haar
– und niemals spielst du mir einen Streich.

Du teilst mit mir
Spaß und Freude, Trauer und Not
– gehst mir nicht aus dem Weg.

Unsere Wege kreuzen sich immer wieder
– und manchmal tragen wir gemeinsam
unsere Lasten und Kreuze.

Wir erleben gemeinsame Höhen
– die uns für lange Zeiten beflügeln.

Wir durchleiden gemeinsame Tiefen
– die uns zusammenschweißen.

Wir kommen uns nahe
– und unsere Liebe blüht wieder auf.

Manchmal schenkst du mir eine Rose,
sagst mir ein gutes Wort,
schweigst und verstehst
und vergibst mir
mein hartes Wort,
mein peinliches Schweigen,
und daß ich nur mich verstehen will.
Ich spüre deine Liebe.

Du bist mir ein Engel
unter den vielen Leuten.

MICHAEL
BLUM 96

Mein Engel

Oft spüre ich dich weder am Tage
noch in der Nacht.
Doch unmerklich begleitest du mich –
unsere Wege sind sich eins:
Deine Gedanken sind meine Gedanken,
und was ich denke, denkst auch du.

Wenn ich mir aber in den Kopf gesetzt habe,
meinen Weg ohne dich zu gehen,
meine Entscheidungen ohne dich zu treffen,
meine Richtung ohne dich zu finden;
dann stellst du dich mir in den Weg.

Ich stolpere über meine eigenen Füße,
begreife nichts mehr –
weder mit den Händen noch mit meinen Gedanken.
Du verwirrst mich von Kopf bis Fuß.
Wie eine Magnetnadel ohne Magnetfeld
pendele ich hin und her.
Ich bin leer und ausgebrannt,
krank in meiner Seele.

Und manchmal stellst du dich mir entgegen
und kämpfst mit mir gegen meinen Eigensinn.
Du willst meinen Willen nicht brechen,
aber in die richtigen Bahnen lenken,
das ist dein Wille.
Du willst mich nicht vernichten,
bewahren willst du mich.
Mit aller Macht und Kraft und Stärke
beschützt du mich vor meinen Abgründen.
Wir sollen wieder eins werden. DU und ICH.
Gott sei Dank,
läßt du mich nicht fallen.
Du, mein ENGEL.

Engel-Tage

Manchmal
wünsche ich,
ein Engel käme
und nähme mich in die Arme,
wenn alle anderen
mir die kalte Schulter zeigen.

Manchmal
wünsche ich,
ein gutes Wort
dringt an mein Ohr,
wenn die schlimmen Nachrichten
meine Seele lähmen.

Manchmal
wünsche ich,
einen freundlichen Blick
der mir begegnet,
wenn Blicke mich schneiden
und wir aneinander erstarren.

Manchmal
wünsche ich mir
einen Engel,
der mich an die Hand nimmt
und mit einem Händedruck
mich spüren läßt:
Ich bin mit dir
und für dich.

Engel-Nächte

Der Engel
in der Nacht
bringt Licht ins Dunkle,
macht die Finsternis hell.

Er zieht durch meine Träume
und löst mir die Fesseln,
wenn ich laufe und nicht
weiterkomme.

Er beruhigt,
wenn ich unruhig
durch die Nacht hetze.

Er fängt mich auf
in meinen tiefsten Tiefen,
wenn ich falle
und die Abgründe
bis in die Ewigkeiten reichen.

Er streicht mit seinen
leichten Flügeln
und sanften Händen
über meine Sorgenfalten.
Er entfaltet meine Gedanken
jede Nacht auf's neue.
In meinem Gesicht
kannst du es ablesen.

Der Engel der Nacht
hat mich umfangen
und entfaltet.
Ich bin
wie neu geboren.

MICHAEL
BLUM 96

Du bist der Engel der Kleinen

Ihr Engel bist du,
weil sonst mein Glaube
ins Grab sinken würde ohne Auferstehung.
Du bist der Engel von Florian
dem Jungen von Otes und Kaspar,
beide siebzehn Jahre.
Sie haben einen Engel geboren,
mit dem Blick aus einer anderen Welt,
mit der Weisheit aus den Ewigkeiten,
mit dem Lächeln der himmlischen Heerscharen.
Einer davon ist Florian.

Zwei Monate lebte er
hier auf der Erde,
um alle, die ihm begegneten zu verzaubern,
um uns an die Engel zu erinnern,
an die wir schon nicht mehr glauben wollten.
Sein kleines Kinderzimmer
wurde zum Wallfahrtsort
für neue Engelerfahrungen;
Sein Strahlen veränderte die Menschen.
Und dann –
nach zwei Monaten,
wacht er aus der Nacht nicht wieder auf.
Lächelnd ist er gestorben.
Sechzig Tage auf der Erde –
die Zwischenlandung eines kleinen Engels.

Ihr Engel bist du,
und leitest sie behutsam durch die Zeiten,
und wenn es sein muß,
vom Diesseits zu jener Zeit.

Und wenn WIR sterben,
läßt uns unser Engel spüren:
Wir sind noch immer lebendig.

MICHAEL
BLUM 96

Der Engel der KINDER

Im Himmelreich sind sie aufgehoben
die Kleinen mit ihren Engeln.*
Obwohl sie hier schon auf der Erde leben,
haben sie immer noch einen Fuß im Himmel.
Darum achte auf die Kleinen,
daß sie nicht ungeschützt
eines Tages – oder nachts
den anderen Fuß auch noch von der Erde nehmen.

Auf der Erde sind sie beschützt
die Kleinen,
obwohl sie hin- und hergestoßen werden,
nicht gewollt, oder nur geduldet sind,
überschüttet und abgespeist werden
mit Liebesersatz,
oder geliebt und vielen Momenten der Gefahr
ausgesetzt sind,
alle haben ihre Engel bei Gott.

Die Engel der Kinder,
die aus einem größeren Blickwinkel das Leben
der Kleinen übersehen,
als Mutter und Vater es können,
sie machen deutlich:
Unsere Kinder sind irdisch und himmlisch zugleich.
Die Engel der Kleinen
wollen diese Verbindung halten
und wir dürfen sie nicht zerstören;
denn ihrer ist das Himmelreich.

* Matthäus 18, 10 + 3

MICHAEL

Marias Engel GABRIEL

Geist und Schönheit
fließen in Gabriel zusammen.
Der bekannteste und schönste Bote aus dem
Reich der Engel verkündet die große Freude,
„die allen Menschen widerfahren wird“:
Der schöpferische Geist fährt Maria in den Leib,
bekommt Hand und Fuß, Körper und Seele.

„Gott ist meine Kraft“ heißt Gabriel,
der mit immer neuer Energie
das Leben der Menschen verändert.
Er bringt das Lied der Freude
unter den Menschen wieder zum Klingen
und frischen Atem in neu erwachtes Leben.

Gabriel, der Bote Gottes,
sucht Zacharias auf,
den guten Priester im Tempel zu Jerusalem:
„Elisabeth, dein Weib, wird endlich einen Sohn gebären
und er soll groß werden und ihr sollt euch freuen.“
Zacharias aber bezweifelt die Worte Gabriels
und verstummt bis zur Geburt seines Sohnes.

Gabriel, der Mund Gottes,
verkündet Maria unmißverständlich:
„Du bist die Magd, die Begnadete,
auserwählt, den Sohn des Allerhöchsten zu gebären.
Sein Reich wird kein Ende haben
und alle Welt wird den Atem der Ewigkeit spüren.“
„Mir geschehe, wie du gesagt hast,“
antwortet Maria; „denn bei Gott ist nichts unmöglich.“

Die Geburt Jesu ist eingefädelt von Gabriel,
dem Boten Gottes
für ungewöhnliche Einfälle,
besonders für ungewöhnliche himmlische Einfälle.

Der Engel des Herrn
und die himmlischen Heerscharen

Natürlich hüteten sie ihre Herden,
wie seit Jahrtausenden Hirten ihre Schafe hüten.
In dunklen Nächten wachen sie,
an hellen Tagen träumen sie.
In dieser Nacht erschrecken sie:
Der Engel des Herrn spricht zu ihnen.
Die Klarheit der Sterne macht ihn fast durchsichtig,
durchschaubar für die Hirten, sie fürchten sich sehr.
Der Engel des Herrn leuchtet aus Gottes Helligkeit,
sie fürchten sich sehr. „Fürchtet euch nicht!
Seht, ich verkündige euch die große Freude! –
Allen Menschen soll sie widerfahren.
Der Heiland ist geboren, Christus, auf den die Menschen
schon so lange voller Sehnsucht warten.
Hier in der Stadt Davids, in Bethlehem.
Geht und seht die Zeichen des Himmels
auf der Erde im Stall in einer Krippe liegen
und in Windeln gewickelt das Kind.“

Die Klarheit der Sterne
flimmert und glitzert und leuchtet.
Aus fernen Sonnen und Lichtjahren
versammeln sich die himmlischen Heerscharen –
Wesen aus Sternenstaub und Gotteslicht –
sie loben Gott mit Engelszungen:
„Ehre sei Gott in unseren Höhen und Weiten
und Friede auf Erden. Alle Menschen
auf der Welt spüren Gottes Gnade.
Gloria in excelsis deo; et in terra pax.“
Sie singen und sagen und ihre Stimmen
schweben zurück ins All,
damit die entferntesten Sonnen und Planeten
in den kosmischen Gesang einstimmen
zum Lobe Gottes, dem Retter unserer Hoffnung.

Josefs ENGEL – Bote Gottes

Soldaten marschieren auf Befehl des Königs
und gehorchen blindlings.
Sie sollen töten, morden, vernichten.
Alle Erstgeborenen müssen dran glauben,
weil der König glaubt:
Ein Kind kann ihn aus dem Sattel heben.

Jesus, gerade geboren,
und schon in Todesgefahr.
Der königliche Neid frißt die königliche Seele
und vergiftet sie.
Das Gift tötet wie das einer Schlange.
Und die Schlange verschlingt,
was sie getötet hat:
Die Kinder verschlingt sie,
die Zukunft vernichtet sie,
und jede Hoffnung lähmt sie,
und jeden Sonnenaufgang
läßt sie ins Grab sinken.

Ein Engel aber, der Warner und Seher,
erscheint Josef im Traum:
„Seht, wie der Neid die Jungen frißt,
seht, wie die Soldaten töten
ohne Rücksicht auf der Mütter Tränen.
Geht nach Ägypten,
flüchtet ins Land der großen Kulturen,
aus dem Israel gekommen
und zum großen Volk wurde.
Die Weisen aber sollen weise und leise
um den mordenden König einen großen Bogen
machen und sich wieder von den Sternen leiten lassen."
Josef sieht und hört und folgt dem Engel.
Er rettet Jesus,
den Hoffnungsschimmer unserer Seelen.
Christ, der Retter ist da.

MICHAEL
BLUM96

Engel der Heerscharen
SERAPHIM

Wo sie auftauchen,
sind sie Feuer und Flamme,
und nichts ist wie vorher.
Sie entzünden die Menschen,
zu denen sie gesandt werden, und alles wird neu.

Mose bekommt den Auftrag, sein Volk
aus der Gefangenschaft Ägyptens zu führen,
es aus der Sklaverei zu befreien.
Der Auftrag lodert aus einem brennenden Dornbusch
mitten in der Wüste.
Feuer und Flamme schlagen ihm entgegen.
Der Auftrag zur Freiheit für ein ganzes Volk entzündet ihn,
ohne daß er dabei verbrennt.
Seraphim lodert ihm entgegen
und in Zukunft in ihm.

Wo sie auftauchen,
sind sie Feuer und Flamme,
und nichts ist wie vorher.
Sie entzünden die Menschen,
zu denen sie gesandt werden, und alles wird neu.

Die brennenden Engel erscheinen dem viel zu jungen Jesaja
im Tempel von Jerusalem und krempeln sein ganzes Leben
um. Alles, was bisher geschah, ist ausgebrannt,
von nun an soll er brennen für Gerechtigkeit und
einen neuen Himmel und eine neue Erde.

Wo sie auftauchen,
sind sie Feuer und Flamme,
und nichts ist wie vorher.
Sie entzünden die Menschen,
zu denen sie gesandt werden, und alles wird neu.

Die Brennenden kommen über die mutlosen Christen,
wie es in der Pfingstgeschichte erzählt wird.
Sie fallen ein in die traurigen Erinnerungen an alte Zeiten,
kommen mit Brausen und Getöse und setzen sich als
Zungen wie Feuerflammen in den Köpfen
der Jüngerinnen und Jünger fest.
Sie entzünden sie wieder.
Alle in Jerusalem können das sehen und spüren.
Ihre Spiritualität glüht aus ihnen heraus.
Nicht der Tod mehr bestimmt ihr Konzept –
ihre Botschaft heißt Leben mit dem lebendigen Gott.

Wo sie auftauchen,
sind sie Feuer und Flamme,
und nichts ist wie vorher.
Sie entzünden die Menschen,
zu denen sie gesandt werden, und alles wird neu.

MICHAEL
BLUM 96

Ostern
Die Engel im Grab

Sie waren mit wohlriechenden Salben gekommen:
„Wir wollen ihn salben, ihm Gutes tun.
Wenn er auch schon zu den Toten gehört,
unsere Liebe geht über den Tod hinaus,“
so dachten sie, so sagten sie,
die Marias, die Jesus so liebten.
„Aber das Grab ist verschlossen –
Wer wälzt uns den Stein vom Grab fort?“

Innen schwärzeste Nacht,
Grabesstille herrscht –
Totenstille und Todesschweigen lassen die
Zeit still stehen.
Draußen geht die Sonne auf,
frühmorgens blüht das Licht.

„Wer wälzt uns den Stein vom Grab,
damit das Licht in der Gruft erblüht?“
Sie wissen es nicht, die Marias,
und laufen dennoch zu ihrer großen Liebe.

Ihr Erstaunen ist groß:
Sie finden das Grab geöffnet.
Der schwere Stein versperrt nicht mehr
den Zugang zu Jesus.
Sie können ihn salben, ihm Gutes tun.
Aber sie finden ihn nicht.
Das Grab ist leer.
Sie erstarren vor Schreck.
„Schrecklich! Wenn sie unseren Herrn gestohlen haben!
Wohin sollen wir denken,
wenn das Grab leer ist?“

Zwei Engel stehen vor ihnen,
leuchtend –
nicht nur von der Morgenröte durchstrahlt.
Sie leuchten mit den Strahlen des Himmels,
um Licht in die Todeszonen zu bringen:
„Was sucht ihr den Lebenden bei den Toten?“
fragen sie.
„Er ist nicht hier,
im Grab könnt ihr ihn nicht finden.
Er lebt über den Tod hinaus, wie eure Liebe.
Er ist auferstanden für Euch und für
ALLE Menschen, die ihn suchen.“

Die Engel im Grab beleben die leere Gruft
mit ihrer Botschaft: „Christus ist auferstanden!“
Das Größte, was in Gräbern verkündet werden kann.
Auferstanden aus dem Tod, den Tod besiegt und lebt.
Das Leiden bekommt einen Sinn,
die Schmerzen haben ihre Bedeutung,
die Qualen, sogar die, sind nicht umsonst.
Die Einsamkeit und die Gottesferne
erleben einen unvorstellbaren Durchbruch
zur ersehnten Gottesnähe.

Die Engel am Grab verkünden die Nähe Jesu.
Das ist eure Zukunft –
Der Tod wird zum Übergang in ein neues Leben.

Das Geheimnis der Engel können wir nicht erklären,
deuten und uns begreiflich machen.
Aber erfahren können wir es schon
und als Geheimnis bewahren.

Die Engel des Lichts
erhellen die Todeszonen unseres Lebens.
Sie bringen den Himmel bis in unsere Gräber.

Die Engelsleiter

Sein schlechtes Gewissen machte ihm Beine. Den ganzen Tag rannte er vor seinem Betrug und seiner Lüge davon. Jakob hatte sich das Erbe erschlichen und seinen Bruder Esau ausgebootet. Gott sollte mit ihm sein – so lautete die Verheißung, die er von seinem Vater geerbt hatte. Aber davon spürte er nichts. Er war müde, erschöpft und zitterte immer noch vor Angst – und es wurde Nacht. Er legte seinen Kopf auf einen Stein: „So steinhart wird mein Leben sein!" Damit schlief er ein. Er träumte von einer Leiter, die auf der Erde stand und mit der Spitze den Himmel berührte. Engel stiegen auf ihr auf und nieder und stellten unentwegt die Verbindung zwischen Himmel und Erde her.

Und oben stand Gott, der Herr, so träumte Jakob, der Lügner, Betrüger und Flüchtling. Gott sprach und die Engel brachten dem Träumer das Wort Gottes vom Himmel auf die steinige Erde: „Ich bin der Gott, der mit dir ist. Wie in alten Zeiten bin ich mit Abraham, dem Vater des Glaubens, mit deinem Vater Isaak bin ich und jetzt mit dir. Das Land, auf dem du liegst, ist dein Land und der Himmel, unter dem du schläfst, ist dein Himmel. Du mußt nicht mehr zu mir hochklettern – meine Engel-Gedanken kommen direkt zu dir. Ich will dich behüten wo du auch hingehst, und ich werde dich nie verlassen."

Als Jakob aufwachte sagte er sich: „Ich dachte, ich bin von Gott und allen guten Geistern verlassen. Aber Gott mit seinen Engeln ist hier – und ich wußte es nicht! Ich dachte, ich verende am Ende der Welt. Aber hier ist die Tür zum Himmel!" Und er nahm den schweren Stein, auf dem er geschlafen hatte, richtete ihn auf und weihte ihn zum „Haus Gottes".

Immer, wenn sein Weg ihn an diese Stätte brachte, wollte er sich erinnern: Hier hat der Himmel sich mir geöffnet und Gott hat sich mit mir wieder verbunden.

MICHAEL
BLUM 96

Meine Engel
CHERUBIM

Sie verknüpfen die Zeit mit der Ewigkeit
und füllen die Ewigkeiten mit ihrem Gesang
„Heilig, heilig, heilig ist der mächtige Allmächtige,
der ist und war und sein wird. Immerdar.“
Sie atmen das All und die unendliche Ausdehnung
von Gottes Schöpfung im Gesang der Gestirne.
Sie haben die Schwingen wie Adler,
die in Lichtgeschwindigkeiten die Unendlichkeiten
überbrücken.
Sie sind wie die Löwen in den weiten Savannen,
die geschmeidig und gefährlich ihre Wege ziehen.
Sie vereinigen in sich die Kraft junger Stiere,
für die es kein Halten mehr gibt.
Und gleichzeitig wird ihr Gesicht zum Spiegel der Seele.
Erfüllt zum Geist des Schöpfers,
spiegelt sich in ihnen der Himmel.

Sie haben die Macht und Kraft und Stärke,
daß eines Tages – wie Johannes es in der Offenbarung
träumt – alle Welt, der Himmel und die Erde, die Welten
und die Meere, die Menschen und Tiere in den Gesang
der Cherubim einstimmen.
„Heilig, heilig, heilig ist der mächtige Allmächtige,
der ist und war und sein wird:
Immerdar.“

MICHAEL
BLUM 96

Mein Engel MICHAEL

Michael gehört nicht zu den Engeln,
die mit Pausbäckchen durch die
Jahrhunderte schweben,
von denen niemand erwartet, daß sie helfen
und kämpfen können.
Michael, den wir aus der Bibel kennen,
ist alles andere als schwach und hilflos.
Er nimmt den Kampf mit dem Bösen auf,
er streitet gegen den Satan, gegen die dunkle Macht.
Er führt das Schwert
und führt große Heere starker Engel an,
die gegen Lüge und Betrug kämpfen,
gegen Menschenverachtung und Selbstzerstörung.
Mit seinem Schwert des Geistes trifft er ins Schwarze,
in die Abgründe tiefer Finsternis,
und spießt unsere Verblendungen auf.

Er stellt Gottes Macht gegen die Macht der Verführer,
die beanspruchen, angebetet zu werden.
Er setzt gegen das Verderben jene Kraft,
die innere Festigkeit und Stärke verleiht.
Gegen die Feigheit und unsere Schwäche
setzt er den geraden Willen Gottes.
Er kämpft darum, daß unsere Herzen und Seelen
nicht dem dunklen Bösen verfallen,
daß der Satan nicht unsere Freiheit
vernichtet und wir ihm verfallen.

Er ist mir ein Engel
für die dunklen Zeiten
damit der „böse Feind keine Macht an mir findet" *
und ich fest vertraue:
Gottes Gnade gilt für mich
gerade im Dunkeln.
Der lichte MICHAEL kämpft an meiner Seite
und stärkt meine ängstliche Seele.

* Martin Luther

MICHAEL
BLUM 96

Daniels Engel

Da saß er nun in der Löwengrube
und zitterte um sein Leben.
Der König hatte Daniel in diese Mördergrube werfen lassen, weil er die Konkurrenz des Jungen fürchtete. „Ausschalten durch Löwenfraß", so dachte der König. Ungefähr 1000 km weiter saß auf einem Feld der Prophet Habakuk und rührte in einem Suppentopf, dem Mittagsmahl für seine Hirten. Da trat ein Engel zu ihm und erzählte von Daniel in der Löwengrube und seinen Todesängsten. „Sehr weit", dachte der Prophet und „jetzt ist Mittagszeit". Der Engel versuchte Habakuk zu überreden – ohne Erfolg. Auch Propheten sind manchmal sehr unbeweglich. Und Engel können manchmal sehr ungeduldig sein. Er packte den Propheten an den Haaren, der hielt sich am Henkel seines Suppentopfes fest und ab ging es durch die Lüfte. Entfernungen spielen bei Engeln keine Rolle. So landete der Prophet mit seinem Suppentopf genau vor den Füßen der Löwen. Habakuk teilte das Mittagsmahl aus. Sie fraßen alles auf, die Löwen und leckten noch den Topf sauber.

Ohne zu zögern nahm der Engel den Propheten wieder beim Haarschopf und beförderte ihn auf sein Feld. Die Hirten schüttelten ihre Köpfe: „Wo kommt der denn jetzt her? Eigentlich ist Habakuk doch ein sehr bodenständiger Mensch?" Den Engel hatten sie gar nicht wahrgenommen. Daniel aber schloß mit den Löwen Freundschaft. „Sie sind doch wesentlich menschlicher als so mancher starke Mann", dachte Daniel und meinte den König. Die Löwen aber hatten den Engel erlebt und waren wie verwandelt.

MICHAEL BLUM

Mein Engel
RAPHAEL

Er braucht keine Flügel,
aber er kann überall sein. –
Er kann in allem sein,
das uns begleitet und beschützt.
Als Wanderer, der uns mit seinen
ungewöhnlichen Ratschlägen aus der Fassung bringt,
aber zum Ziel führt.
Als Mensch, der die Schwere von uns nimmt
und uns wieder leicht macht.
Als Freund und Freundin,
die uns mit irren Ideen neue Wege erschließen
und neue Gedanken denken.

Als Kind, das mit nichts anderem als seinem Lächeln
dir die Hoffnung erschließt.

Als Tier, das die Gefahr wittert
und einen anderen Weg einschlägt,
dem wir nur folgen müssen.

Raphael gilt als unbekannter Begleiter,
der uns die Augen für neue Sichten öffnet,
uns Glück bringt und alles zum Guten führt.
Selber aber offenbart er sich erst zum Schluß,
wenn die Wege gegangen, das gemeinsame Leben erlebt,
die Gefahren bestanden,
dann sagt er: „Ich bin's!“
So wie Jesus die Emmaus-Jünger unerkannt begleitet
und erst, als er das Brot bricht,
geht ihnen ein Licht auf und sie erkennen ihn.
So begleitet Raphael den jungen Tobit als Engel
und gibt sich erst zu erkennen, nachdem er den blinden
Vater wieder sehend machte, Sara von Dämonen befreite
und die Sorgen der Menschen aus den Herzen nahm…

Auf gefahrvollen Wegen weiß er Rat
und meistert ausweglose Situationen.
Sehr oft wird mir dieser Engel in Menschengestalt
auf den Lebensweg gesandt.
Er gibt mir an entscheidenden Lebenskreuzungen
Rat und leistet mir Beistand.
Diesen Raphael treffe ich oft in meinem Leben.
Ich muß ihn nur um den gemeinsamen Weg bitten;
dann wird er mich begleiten.
Und eines Tages kann ich selber
in seinem Auftrag einen anderen Menschen begleiten,
behüten und beschützen –
und alles zum Guten führen.

LICHTWESEN

Engel
sind biblische Wesen.
Sie sind keine Gestalten meiner Einbildung und Phantasie.
Sie kommen als Boten Gottes.
Als Gesandte und als Helfer
kommen sie zu uns Menschen.

Sie erfüllen uns mit Feuer und Flamme,
begleiten uns auf unseren Wegen,
trösten uns in tristen Zeiten
und bringen uns mit der
„Freude, die allem Volke widerfahren wird“
aus der Fassung.

Sie lieben die Überraschungen –
nicht nur zu Weihnachten –.
Zu Ostern verkünden sie den Durchbruch
vom Tod zum Leben.
Wenn wir denken „Es ist alles aus!“,
sind sie Zeichen für die Nähe Gottes.

Als Lichtwesen durchleuchten sie
unsere Schattenseiten und machen uns hell.
Wenn wir uns in der Finsternis verrannt haben,
beleuchten sie die guten Möglichkeiten
für neue Lichtblicke.
Immer wieder senden sie Licht
ins Dunkle – unaufhörlich,
damit uns das Dunkle nicht verschlinge.

Sie bezeugen den Frauen am Grab:
„Jesus ist lebendig, auferstanden gegen den Tod!“
Sie erzählen von der Zukunft Gottes
unter den Menschen
und von unserer Erlösung sind sie erfüllt
mit Feuer und Flamme.

MB
96.

Der strahlende Engel

Der Chor sang nicht mehr,
er versank in Trauer und Ohnmacht.
Die schlimme Vergangenheit lag auf jeder Schulter.
Auschwitz und die Todesmaschinerie lähmte die Gedanken,
lähmte die Stimme, erstickte jeden Ton.

Das KYRIE ist aufgehoben im Gloria,
unsere Ohnmacht im Lob Gottes, so dachte ich.
Wenn das KYRIE nicht an den Himmel gebunden wird,
dann erleben wir die Hölle.

Aus dem Chor höre ich Stimmen:
„Nach Auschwitz werden wir anders singen."
„Wir müssen uns an das Lob Gottes klammern,
sonst geht uns der Atem aus."
„Wir können die Hölle nicht verdrängen,
aber wir dürfen auch den Himmel nicht vergessen."
„Wir werden die alten Gesänge mit neuer Hoffnung
füllen müssen."

Aus großer Nachdenklichkeit,
und tiefer Stille, erleben wir ein außergewöhnliches Konzert
in der Marienkirche in Krakau.
Und mit einem Male bewegt sich der Engel im Altargewölbe,
schwebt, nicht mehr fest gemalt,
glänzt lebendig das GLORIA vom Himmel auf uns herab.
Ich denke: Ich träume. Ich gerate völlig aus der Fassung.
Niemandem will ich davon erzählen.
Das Geheimnis – der Traum gehört mir.
Nur die Kantorin zwinkert mir später zu:
Haben Sie es auch gesehen – als wir das GLORIA sangen:
Der Engel schwebte? –
Ja, ich habe es gesehen.
Und sein Glanz erfüllte unsere Seelen
und kam über uns – bis zum heutigen Tag.

MICHAEL
BLUM 06

Michael von nebenan

Unscheinbar lebt er am Ende der Straße. Jeder kennt ihn und hat bisher seine besonderen Erfahrungen mit ihm gemacht. Man redet nicht über ihn, aber alle beschäftigen sich mit ihm in besonderer Weise. Was er eigentlich tut, niemand weiß es. Wovon er lebt, niemand hat eine Ahnung. Aber alle wissen, wenn es schwierig wird, ist er da. Untereinander reden sie nicht darüber. Jeder hütet sein Geheimnis.
Michael steht vor der Tür und bittet um Einlaß. Er weiß, die alte Oma hatte eine schlimme Nacht. Er hält eine Blume in der Hand. „Ich will sie besuchen“, sagt er und hält die Hand der Alten lange in seinen Händen – und geht wieder.
Zu Anfang waren die Leute in der Straße sehr verwundert. „Woher weiß er, was mit uns los ist?“ fragten sie sich. Aber mittlerweile haben sie sich an ihn und seine Überraschungsbesuche gewöhnt. Manchmal – wenn sie es besonders nötig haben – wünschen sie ihn herbei. Und dann steht er unvermittelt da. Wie vom Himmel gefallen. Dann zieht er eine Karte, einen Zettel aus der Tasche. „Halte durch“, „Sei gut behütet“, „Gib nicht auf, ich bin bei dir“, steht darauf, oder nur einfach „Fürchte dich nicht“. Mehr nicht. Es trifft die Menschen in der Straße mitten ins Herz. Wohltuend, versteht sich. Sie sind mit Michael innerlich sehr verbunden, obwohl sie so wenig von ihm wissen. „Du bist wirklich ein Engel“, sagen sie ihm ab und zu. Dann lächelt er wissend und strahlt. Manchmal sehen sie ihn lange Zeit nicht. Obwohl sie ihn ersehnen, erscheint er nicht. Gefragt, wo er denn gewesen sei, antwortet er mit seinem tiefgründigen Lächeln: „Es gibt doch noch mehrere Straßen als nur die unsere.“ Sie verstehen es nicht ganz, was er meint, fragen aber nicht nach. Es wird sein Geheimnis bleiben.
Neulich nachts sah man ihn mit einer brennenden Kerze durch die Straße eilen. Er schützte die Flamme vor Regen und Wind und brachte sie heil ins Haus seiner lieben Alten. „Ich komme“, sagte er, „um sie zur letzten Ruhe zu geleiten.“ Die Kinder nickten. Sie hatten schon auf ihn gewartet.

Beflügelt

Meine Gedanken
kreisen um mich
immer nur um mich
Sie werden enger
und immer enger
und schnüren mir den Atem ab

Meine Sorgen fesseln mich an mich
Gebunden bin ich an mir
und ich komme von mir nicht mehr los

Meine Wünsche
rufen nach Glück
Aber die glücklichen
Anpreisungen
sind nur schillernde Seifenblasen

Meine Gebete
aber führen mich über mich hinaus
Meine Gedanken schwingen zu Gott
und das Schwere wird leicht
Ich komme leicht von mir los
und niemand schnürt mir mehr
den Atem ab
Nicht einmal ICH
Meine Sorgen
entsorgen sich im Gebet
denn mein Horizont wird weit
wie das All
Meine Fesseln fallen
Ich bin frei
Meine Wünsche
treffen sich mit dem Willen Gottes
für einen neuen Himmel
und eine neue Erde
Meine Gebete bekommen Flügel

MICHAEL
BLUM 96

Von Engeln behütet

Es wird dir nichts Böses geschehen,
und dich wird nichts plagen.
Du wirst dich nicht verletzen,
deinen Fuß nicht an Steinen wundstoßen,
die im Wege liegen.
Denn Gott wird dich beschützen
mit den Flügeln seiner Engel.
Unter ihre Flügel kannst du flüchten,
wenn das Grauen der Nacht dich verfolgt;
und unter seine Fittiche dich bergen,
wenn die Pfeile des Tages dich jagen.

Denn Gott hat seinen Engeln
ans Herz gelegt,
daß sie dich behüten,
dich umgeben und nie mehr verlassen
auf deinen Lebenswegen.

Und wenn es sein muß,
tragen sie dich auf ihren Händen
in den Zeiten, die für dich nicht zu ertragen sind.
Wenn deine Schritte müde
und dein Kopf schwer geworden,
dann helfen seine Engel dir wieder auf
und du wirst sehen,
wie leicht dein Leben wird.

Nach Psalm 91

MICHAEL
BLUM 96

MICHAEL BLUM wurde 1942 in Prüm/Eifel geboren und entschied sich 1963 für das Studium der Pädagogik und Kunsterziehung in Bonn. Aufgrund seines Interesses und seiner Begabung studierte er 1967 zusätzlich im Fachbereich Kunst und Design. Heute leitet er die Domsingschule in Köln.
Neben Blumen- und Landschaftsbildern malt er vornehmlich christliche Tafelbilder. Die sieben Kreuzwegstationen aus der Ikonen-Tradition gemalt, haben ihn im deutschsprachigen Raum bekannt gemacht, außerdem zahlreiche Ausstellungen seit 1970 u. a. in Charleville-Mézieéres/Frankreich; Strassburg/Österreich; Coventry/England; St. Vith/Belgien und vielen deutschen Städten.
Sein Augenmerk gilt dem „Blick hinter die Oberfläche" und darin verbindet er immer wieder „alte Techniken" mit neuer Gestaltung. So nehmen auch die Wesen des KLEINEN ENGELBUCHES durch seine Hand und seinen Blick neue Gestalt an.

UWE SEIDEL wurde 1937 in Soest/Westfalen geboren, dort engagierte er sich in der Jugendarbeit der Evangelischen Gemeinden. Hier erfolgte die Weichenstellung zur Theologie: Kirche wollte er von innen her verändern. Er besuchte das Theologische Seminar „Johanneum" in Wuppertal und wurde in das Volksmissionarische Amt der Evangelischen Kirche Rheinland berufen.
Seit 1965 erarbeitet er neue Gottesdienste und Gemeindeveranstaltungen. Gleichzeitig leitet er seit dieser Zeit Großveranstaltungen auf den Deutschen Evangelischen Kirchentagen. Die mehr als 20 Jahre Gemeindearbeits-Erfahrung versucht er immer wieder nutzbar zu machen. Publikationen zu Gottesdiensten, einer „lebendigen" Liturgie, Neuen Geistlichen Liedern, Plakaten, Bücher zu Meditationen, Biblische Geschichten und Psalmübertragungen ließen ihn über die gemeindliche Arbeit bekannt werden. Er entdeckt und pflegt besonders die kreativen ökumenischen Verbindungen. Aus diesem guten Geist entstand das „gemeinsame" KLEINE ENGELBUCH.